Doctrine du droit

Emmanuel Kant

Copyright © 2022 Emmanuel Kant (domaine public)
Édition : BoD – Books on Demand, 12/14 Rond-point des Champs-Élysées, 75008 Paris. Impression : BoD - Books on Demand, Norderstedt, Allemagne
ISBN : 9782322407545
Dépôt légal : avril 2022

Table des matières

§ A. Qu'est-ce que la doctrine du droit ?

§ B. Qu'est-ce que le droit ?

§ C. Principe général du droit

§ D. Le droit implique la faculté de contraindre.

§ E. Le droit strict peut aussi être représenté comme la possibilité d'une contrainte générale et réciproque, s'accordant, suivant des lois universelles, avec la liberté de chacun.

APPENDICE À L'INTRODUCTION DE LA DOCTRINE DU DROIT. DU DROIT ÉQUIVOQUE.

§ A.
Qu'est-ce que la doctrine du droit ?

La *doctrine du droit*[1] (*Jus*) est l'ensemble des lois, qui peuvent donner lieu à une législation extérieure. Cette législation existe-t-elle réellement, elle est alors la doctrine du *droit positif.* Celui qui est versé dans la connaissance du droit positif[2], ou le jurisconsulte[3] (*jurisconsultus*), est en outre jurisperitus[4] lorsqu'il connaît les lois extérieures extérieurement, c'est-à-dire dans leur application aux cas que peut présenter l'expérience ; et l'on peut alors donner à cette connaissance le nom de jurisprudence[5] (*jurisprudentia*). Sans ces deux conditions, on aurait tout simplement *la science du droit*[6] (*juriscientia*). Cette expression désigne la connaissance *systématique* du Droit naturel[7] (*jus naturæ*) ; mais c'est à celui qui est versé dans cette dernière qu'il appartient de fournir les principes immuables sur lesquels doit être fondée toute législation positive.

§ B.
Qu'est-ce que le droit ?

Le *jurisconsulte*, qui ne veut pas tomber dans une tautologie, ou renvoyer aux lois positives d'un certain pays et d'un certain temps, au lieu de donner une solution générale, pourrait bien se trouver aussi embarrassé par cette question que le logicien par celle-ci : *Qu'est-ce que la vérité ?* Il pourra bien nous apprendre ce qui est de droit[8] (*quid sit juris*), c'est-à-dire ce que, dans un certain lieu et dans un certain temps, les lois prescrivent ou ont prescrit ; mais ce que ces lois prescrivent est-il juste aussi[9], et quel est le critérium universel au moyen duquel on peut reconnaître en général le juste et l'injuste[10] (*justum et injustum*) ? c'est ce qu'il ne peut savoir s'il ne néglige pour un temps ces principes empiriques, et si (tout en se servant de ces lois comme d'un excellent fil conducteur) il ne cherche la source de ses jugements dans la raison pure comme dans l'unique fondement de toute législation positive possible. Une doctrine du droit purement empirique peut être (comme la tête de bois dans la fable de Phèdre) une fort belle tête, mais hélas ! sans cervelle.

Si l'on considère le concept du droit dans son rapport à une obligation correspondante (c'est-à-dire le concept moral de cette obligation), voici ce qu'on reconnaîtra : 1° il ne s'applique qu'aux relations extérieures, mais pratiques, d'une personne avec une autre, en tant que leurs actions peuvent (immédiatement ou médiatement) avoir, comme faits[11], de l'influence les unes sur les autres ; 2° il ne désigne pas pourtant un rapport de l'arbitre au *désir*[12] (par conséquent aussi au simple besoin) d'autrui, comme s'il s'agissait d'actes de bienfaisance ou de dureté, mais seulement à l'*arbitre* d'autrui ; 3° dans ce rapport réciproque d'un arbitre avec un autre, il faut faire abstraction de la *matière* de l'arbitre, c'est-à-dire du but que chacun peut se proposer dans la chose qu'il veut ; par exemple, il ne s'agit pas de savoir si un individu, en m'achetant de la marchandise pour son propre commerce, y trouvera ou non son avantage ; mais on ne doit envisager que la *forme* dans le rapport des deux arbitres, en les considérant comme *libre*, et chercher uniquement si l'action de *l'un* peut s'accorder, suivant une loi générale, avec la liberté de *l'autre*.

Le droit est donc l'ensemble des conditions au moyen desquelles l'arbitre de l'un peut s'accorder avec celui de l'autre, suivant une loi générale de liberté.

§ C.
Principe général du droit

« Est conforme au droit ou juste[13], toute action qui permet, ou dont la maxime permet au libre arbitre de chacun de s'accorder, suivant une loi générale, avec la liberté de tous, *etc.* »

Quand donc mon action, ou en général mon état, peut s'accorder avec la liberté de chacun suivant une loi générale, celui-là porte atteinte à mon droit[14], qui m'y fait obstacle ; car cet obstacle (cette opposition) ne peut s'accorder avec une liberté réglée par des lois générales.

Il suit de là encore qu'on ne peut exiger de moi que ce principe de toutes les maximes soit lui-même ma maxime, c'est-à-dire que je *m'en fasse une maxime* de conduite ; car, quand même la liberté des autres me serait entièrement indifférente, et quand je ne serais guère disposé à la respecter de cœur, ils n'en sont pas moins libres dès que je n'y porte point atteinte par mes *actions extérieures*. C'est uniquement à l'Éthique qu'il appartient d'exiger de moi que je me fasse une maxime d'agir conformément au droit[15]

Ainsi cette loi universelle du droit : « Agis extérieurement de telle sorte que le libre usage de ton arbitre puisse s'accorder avec la liberté de chacun suivant une loi générale », m'impose sans doute une obligation, mais elle n'attend pas du tout, et elle exige encore moins, qu'en vertu de cette obligation je me fasse *même* un *devoir* de soumettre ma liberté à cette restriction ; seulement la raison dit que, d'après l'idée qu'elle nous en donne, notre liberté est soumise à cette restriction, et que les autres peuvent aussi la contraindre de s'y soumettre en effet ; voilà ce qu'elle proclame comme un postulat, qui n'est susceptible d'aucune autre preuve. — Si donc on ne se propose point d'enseigner la vertu, mais seulement d'exposer ce qui est *conforme au droit*[16], on peut et l'on doit même s'abstenir de présenter cette loi du droit comme un motif d'action.

§ D.
Le droit implique la faculté de contraindre[17].

La résistance opposée à l'obstacle d'un effet sert d'auxiliaire à cet effet et y concourt. Or tout ce qui est injuste est un obstacle à la liberté, en tant qu'elle est soumise à des lois générales ; et la contrainte est elle-même un obstacle ou une résistance faite à la liberté. Donc, si un certain usage de la liberté même est un obstacle à la liberté, en tant qu'elle est soumise à des lois générales (c'est-à-dire est injuste), la contrainte, opposée à cet usage, en tant qu'elle *sert à écarter*[18] un *obstacle fait à la liberté*, s'accorde avec la liberté même suivant des lois générales, c'est-à-dire est juste. Par conséquent le droit implique, suivant le principe de contradiction, la faculté de contraindre celui qui y porte atteinte.

§ E.
Le droit *strict* peut aussi être représenté comme la possibilité d'une contrainte générale et réciproque, s'accordant, suivant des lois universelles, avec la liberté de chacun.

<u>Table des matières</u>

Cette proposition signifie que le droit ne peut être conçu comme composé de deux parties, à savoir de l'obligation fondée sur une loi, et de la faculté qu'aurait celui qui obligerait les autres par sa volonté, de les contraindre à l'accomplissement de cette obligation ; mais que l'on peut faire immédiatement consister le concept du droit dans la possibilité de l'accord d'une contrainte générale et réciproque avec la liberté de chacun. En effet, comme le droit en général n'a pour objet que ce qu'il y a d'extérieur dans les actions, le droit strict, c'est-à-dire celui où n'entre aucun élément emprunté à l'Éthique[19], est celui qui n'exige d'autres principes de détermination que des principes extérieurs ; car alors il est pur et n'est mêlé d'aucun principe de vertu. On ne peut donc appeler droit *strict* (étroit) que celui qui est entièrement extérieur. Ce droit se fonde sans doute sur la conscience qu'a chacun d'être obligé de se conformer à la loi ; mais, pour déterminer la volonté à obéir à cette loi, il n'a pas besoin d'invoquer cette conscience comme un mobile, et il ne pourrait le faire sans perdre sa pureté ; il s'appuie uniquement sur le principe de la possibilité d'une contrainte extérieure, d'accord, suivant des lois générales, avec la liberté de chacun. — Quand on dit qu'un créancier a le droit d'exiger du débiteur le payement de sa dette, cela ne signifie donc pas qu'il puisse lui faire entendre que sa raison même l'oblige à l'acquitter ; cela veut dire seulement qu'une contrainte, forçant chacun à agir ainsi, peut très-bien s'accorder, suivant une loi extérieure et générale, avec la liberté de chacun et par conséquent aussi avec la sienne. Le droit et la faculté de contraindre sont donc deux choses identiques.

La loi d'une contrainte réciproque, nécessairement d'accord avec la liberté de chacun, suivant le principe de la liberté générale, est en quelque sorte la *construction* du concept du droit, c'est-à-dire l'exhibition qu'en forme notre esprit dans une intuition pure *à priori*, par analogie avec la possibilité de libres mouvements dans les corps soumis à la loi de l'*égalité de l'action et de la réac-*

tion. Or, de même que dans les mathématiques pures, les propriétés des objets qu'elles étudient ne découlent pas immédiatement des concepts de ces objets, mais ne peuvent être découvertes qu'au moyen de la construction de ces concepts ; ainsi, c'est moins le *concept* du droit qu'une contrainte réciproque et égale, s'exerçant d'après des lois générales et d'accord avec ce concept, qui en rend l'exhibition possible. Mais, comme ce concept dynamique a en outre pour fondement, dans les mathématiques pures (par exemple dans la géométrie), un concept purement formel ; la raison a eu soin de pourvoir, autant que possible, l'entendement d'intuitions *à priori*, qui permettent de construire le concept du droit. — Ce qui est droit[20] (*rectum*) est, comme la ligne droite[21], opposé d'un côté au *courbe*, et de l'autre, à l'oblique. Dans le premier cas, l'on considère la *propriété essentielle* d'une ligne telle qu'entre deux points donnés il ne peut y en avoir qu'une seule ; dans le second, la *position* de deux lignes qui se coupent ou se touchent de telle sorte qu'il ne peut aussi y en avoir qu'*une seule* (la perpendiculaire) qui ne penche pas plus d'un côté que de l'autre, et divise l'espace en deux parties égales. Suivant cette analogie, la doctrine du droit saura déterminer à chacun le *sien* (avec une précision mathématique) ; ce que l'on ne peut attendre de la *doctrine de la vertu*, laquelle ne peut s'empêcher de laisser une certaine latitude aux exceptions (*latitudinem*). — Mais, sans entrer dans le domaine de l'Éthique, il y a deux cas qui réclament une décision juridique[22], mais que nul tribunal ne peut décider, et qui rentrent, pour ainsi dire, dans les *Intermundia* d'Épicure. — Pour que ces principes incertains n'aient aucune influence sur les fermes principes de la doctrine du droit proprement dit, nous commencerons par les écarter de cette doctrine, où nous allons bientôt entrer.

APPENDICE
À L'INTRODUCTION DE LA DOCTRINE DU DROIT.
DU DROIT ÉQUIVOQUE.

(*Jus æquivocum.*) Tout droit dans le sens *strict* (*jus strictum*) implique la faculté de contraindre ; mais on peut encore concevoir un droit dans le sens *large* (*jus latum*), où la faculté de contraindre ne puisse être déterminée par aucune loi. — Or ce droit, vrai ou supposé, est de deux espèces : l'équité[23] et le droit de nécessité[24] ; la première qui admet un droit sans contrainte, et la seconde une contrainte sans droit. Mais il est aisé de voir que cette ambiguïté vient précisément de ce qu'il y a des cas où le droit est douteux et où l'on ne peut s'en rapporter à la décision d'aucun juge.

I.
ÉQUITÉ, (Æquitas.)

L'*équité* (considérée objectivement) n'est point du tout un principe au nom duquel on réclame des autres l'accomplissement de certains devoirs éthiques[25] (leur bienveillance et leur bienfaisance) ; celui qui exige quelque chose au nom de ce principe se fonde sur son *droit* ; seulement il ne remplit pas toutes les conditions dont le juge a besoin pour pouvoir déterminer jusqu'à quel point et de quelle manière on doit satisfaire à sa réclamation. Celui qui, dans une association commerciale où les avantages doivent être égaux, a plus *fait* que les autres, ayant aussi *perdu* davantage dans les mauvaises affaires, peut, *au nom de l'équité*, réclamer de la société quelque chose de plus pour sa part qu'un égal partage. Mais, selon le droit proprement dit (strict), c'est-à-dire si l'on suppose un juge ayant à prononcer sur ce cas, celui-ci, n'ayant pas de données (*data*) déterminées pour décider ce qui lui revient aux termes du contrat, le renverrait de sa demande. Le domestique à qui, à la fin de l'année, on paye ses gages en une monnaie qui a perdu de sa valeur dans l'intervalle, et avec laquelle il ne peut plus acheter ce qu'il aurait pu se procurer à l'époque où il a contracté son engagement, ne peut invoquer son droit, pour repousser le dommage qu'on lui cause en lui comptant le nombre convenu de pièce de monnaie, mais qui n'ont plus la même valeur ; il ne peut qu'en appeler à l'équité (cette divinité muette qui ne sait se faire entendre) ; car rien n'a été stipulé à cet égard dans le contrat, et un juge ne peut prononcer là où les conditions n'ont pas été parfaitement déterminées.

Il suit de là qu'un *tribunal d'équité*[26] (dans les conflits qui s'élèvent entre les hommes sur leurs droits) implique contradiction. Seulement, lorsqu'il s'agit des droits mêmes du juge et que sa propre affaire est remise à sa disposition, il peut et doit même ouvrir l'oreille à l'équité. Par exemple, la Couronne supportera elle-même les pertes que d'autres ont essuyées à son service, et qu'elle est priée de réparer, quoique, suivant le droit strict, elle pût rejeter cette demande, sous prétexte qu'ils s'y sont exposés à leurs risques et périls.

Cette *sentence (dictum)* : « l'extrême droit est l'extrême injustice (*summum jus, summa injuria*) » est donc celle de l'*équité* ; mais c'est là un mal auquel on ne peut trouver de remède dans la voie même du droit[27], quoiqu'il s'agisse d'une chose fondée en droit[28] ; car l'équité ne ressort que du *tribunal de la conscience*[29] (*forum poli*), tandis que toute question de droit proprement dit[30] est de la compétence du tribunal *civil*[31] (*forum soli s. civile*).

II.
DROIT DE NÉCESSITÉ.

(*Jus necessitatis.*) Ce prétendu droit serait la faculté que j'aurais, dans le cas où ma propre existence serait en danger, d'ôter la vie à quelqu'un qui ne m'aurait fait aucun tort. Il est évident qu'il doit y avoir ici une contradiction du droit avec lui-même ; — car il ne s'agit pas d'un *injuste* agresseur qui en veut à ma vie et que je préviens en lui ôtant la sienne (*jus inculpatæ tutelæ*), auquel cas la modération (*moderamen*) n'est nullement un devoir de droit, mais une chose de vertu ; il s'agit d'une violence licite à l'égard de quelqu'un qui ne m'en a fait aucune.

Il est clair que cette assertion ne doit pas être entendue objectivement, c'est-à-dire selon la prescription de la loi, mais seulement d'une manière subjective, c'est-à-dire selon la sentence qui serait portée en justice. En effet, il ne peut y avoir de *loi pénale* qui condamne à mort celui qui, dans un naufrage, repousse un de ses compagnons d'infortune de la planche à l'aide de laquelle il s'était sauvé, afin de se sauver lui-même. Car la peine dont la loi menacerait le coupable ne pourrait être plus grande pour lui que la perte de la vie. Or une loi pénale de ce genre n'aurait pas l'effet qu'elle se proposerait : la menace d'un mal encore incertain (de la mort infligée par un arrêt de la justice) ne saurait l'emporter sur la crainte d'un mal *certain* (celui de se noyer). L'action qui consiste à employer la violence pour se conserver soi-même échappe donc à la *punition*[32](*impunibile*), quoiqu'on ne puisse la regarder comme *non coupable*[33] (*inculpabile*) ; et c'est par une étrange confusion que les juristes prennent cette impunité *subjective* pour une impunité *objective* (pour une chose légitime).

« Nécessité n'a pas de loi (*necessitas non habet legem*) » : telle est la maxime du droit de nécessité ; et pourtant il ne peut y avoir de nécessité qui rende légitime ce qui est injuste.

On voit que, dans les deux sortes de jugements en matière de droit que nous venons d'indiquer (dans ceux qui se rapportent au droit d'équité et au droit de nécessité), l'*équivoque*[34] (*æquivocatio*) vient de ce que l'on confond les principes subjectifs de la pratique du droit avec les principes objectifs (les sentences des tribunaux avec celles de la raison). Ce que chacun juge juste par lui-même et avec fondement peut ne pas se trouver confirmé par les tribunaux, et ce qu'il doit juger lui-même injuste peut obtenir d'eux l'absolution. C'est que dans ces deux cas le concept du droit n'est pas pris dans le même sens.

DIVISION DE LA DOCTRINE DU DROIT.

A. DIVISION GÉNÉRALE DES DEVOIRS DE DROIT

On peut très-bien établir cette division d'après *Ulpien*, en donnant à ses formules un sens qu'elles n'avaient peut-être pas très-clairement dans son esprit, mais qu'il est très-permis d'en tirer ou d'y introduire. Les voici : 1. *Vis honnêtement*[35] (*honeste vive*). L'*honnêteté juridique*[36] (*honestas juridica*) consiste à soutenir sa dignité d'homme dans ses rapports avec les autres. Ce devoir s'exprime dans cette proposition : « ne sois pas pour les autres un pur moyen, mais sois aussi une fin pour eux. » Il sera défini dans la suite une obligation résultant du droit de l'humanité dans notre propre personne (*lex justi*).

2. *Ne fais tort à personne* (*neminem læde*), fallût-il pour cela rompre toute liaison avec les autres et fuir toute société (*lex juridica*).

3. *Entre* (si tu ne peux éviter autrement ce dernier mal) dans une société où chacun puisse conserver ce qui lui appartient (*suum cuique tribue*). — Cette formule serait absurde si on la traduisait ainsi : « donne à chacun le sien, » car on ne peut donner à quelqu'un ce qu'il a déjà. Si donc elle a un sens, ce ne peut être que celui-ci : « *entre* dans un état de choses où la propriété de chacun puisse être mise à l'abri des attaques d'autrui » (*lex justitiæ*).

Ainsi ces trois formules classiques servent en même temps de fondement à une division du système des devoirs de droit en devoirs *internes*, en devoirs *externes*, et en devoirs contenant les derniers par subsomption, en tant qu'ils dérivent du principe des premiers.

B.
DIVISION GÉNÉRALE DU DROIT.

1. Le droit, en tant qu'il forme une science systématique, se divise en droit naturel[37], lequel repose uniquement sur des principes *à priori*, et en droit *positif*[38], lequel émane de la volonté d'un législateur.

2. Le droit, considéré comme la faculté (morale) d'obliger les autres, c'est-à-dire comme un titre légitime à leur égard (*titulus*), se divise en droit *inné*[39] et droit *acquis*[40] ; le premier est le droit que chacun tient de la nature, indépendamment de tout acte juridique ; le second, celui qui suppose un acte de ce genre.

Le mien et le tien innés peuvent encore être appelés *internes* (*meum vel tuum internum*) ; car le mien ou le tien extérieur est toujours nécessairement acquis.

Il n'y a qu'un seul droit inné.

Ce droit unique, originaire, que chacun possède par cela seul qu'il est homme, c'est la *liberté* (l'indépendance de toute contrainte imposée par la volonté d'autrui), en tant qu'elle peut s'accorder, suivant une loi générale, avec la liberté de chacun. — L'*égalité* naturelle, c'est-à-dire cette indépendance qui fait qu'on ne peut être obligé par les autres à rien de plus que ce à quoi on peut les obliger soi-même à son tour ; par conséquent, cette propriété qu'a l'homme d'être son *propre maître* (*sui juris*) ; en même temps la qualité d'*honnête*[41] homme (*justi*), qu'on peut revendiquer, lorsque, antérieurement à tout acte juridique, on n'a fait d'injustice à personne ; enfin la faculté de faire à l'égard des autres quelque chose qui ne leur ôte rien du leur et où ils n'attachent aucun intérêt sérieux, comme de leur communiquer simplement ses pensées, de leur raconter ou de leur promettre quelque chose, que ce soit vrai et sincère ou faux et trompeur (*veriloquium aut falsiloquium*), parce qu'il dépend absolument d'eux de vous croire ou de ne pas vous croire[Note de l'auteur 1] : tous ces droits sont déjà contenus dans le principe de la liberté innée, et n'en diffèrent réellement pas comme membres d'une division fondée sur un concept supérieur du droit.

La raison pour laquelle on a introduit une division de ce genre dans le système du droit naturel (en tant qu'il concerne ce qui est inné) est celle-ci : on a voulu que, si une contestation s'engage sur un droit acquis et qu'on élève la question de savoir sur qui retombe la charge de faire la preuve (*onus probandi*), soit d'un fait douteux, soit, si le fait est avéré, d'un droit douteux, on a voulu, dis-je, que celui qui décline cette obligation puisse en appeler méthodiquement et comme à divers titres à son droit inné de liberté (lequel se spécifie suivant ses diverses relations).

Mais, comme relativement à ce qui est inné, par conséquent au *mien* et au *tien* intérieurs, il n'y a pas des droits, mais *un* droit, on pourra rejeter dans les prolégomènes la division précédente, qui se compose de deux membres tout à fait inégaux par leur contenu, et réduire la division de la doctrine du droit au mien et au tien extérieurs.

DIVISION
DE LA MÉTAPHYSIQUE DES MŒURS EN GÉNÉRAL.

I.

Tous les devoirs sont ou des *devoirs de droit* (*officia juris*), c'est-à-dire des devoirs susceptibles d'une législation extérieure, ou des *devoirs de vertu* (*officia virtutis, s. ethica*), c'est-à-dire des devoirs qui ne comportent point une législation de ce genre. Ces derniers échappent à toute législation extérieure, parce qu'ils se rapportent à une *fin*, qui est en même temps un devoir (ou qu'il est de notre devoir de poursuivre). Il n'y a pas en effet de législation extérieure qui puisse faire que l'on se propose un certain but (car c'est là un acte intérieur de l'esprit). On peut sans doute prescrire ainsi des actions extérieures qui y conduisent, mais non pas contraindre le sujet à les prendre pour fin.

Mais pourquoi la doctrine des mœurs (la morale) est-elle ordinairement désignée (entre autres par Cicéron) sous le nom de doctrine des *devoirs*, et ne l'est-elle pas aussi sous celui de doctrine des *droits* ? Pourtant les uns sont corrélatifs aux autres. La raison en est que nous ne connaissons notre propre liberté (de laquelle émanent toutes les lois morales et par conséquent aussi tous les droits comme tous les devoirs) que par l'impératif moral, lequel est un principe de devoir, d'où l'on peut ensuite dériver la faculté d'obliger les autres, c'est-à-dire le concept du droit

II.

Comme, dans la doctrine des devoirs, l'homme peut et doit être considéré au point de vue de la propriété qu'il a d'être libre, laquelle est toute supra-sensible, par conséquent aussi dans ce qui constitue essentiellement en lui l'*humanité*, c'est-à-dire comme une personnalité indépendante de toute détermination physique (*homo noumenon*), ce qu'il faut bien distinguer de ce qu'il est à un autre point de vue, en tant qu'il relève du monde physique, ou de ce qu'il est comme *homme* (*homo phænomenon*) ; l'idée de droit et celle de fin, rapportées à leur tour au devoir sous ce double point de vue, donnent lieu à la division suivante.

DIVISION
FONDÉE SUR LE RAPPORT OBJECTIF DE LA LOI AU DEVOIR.

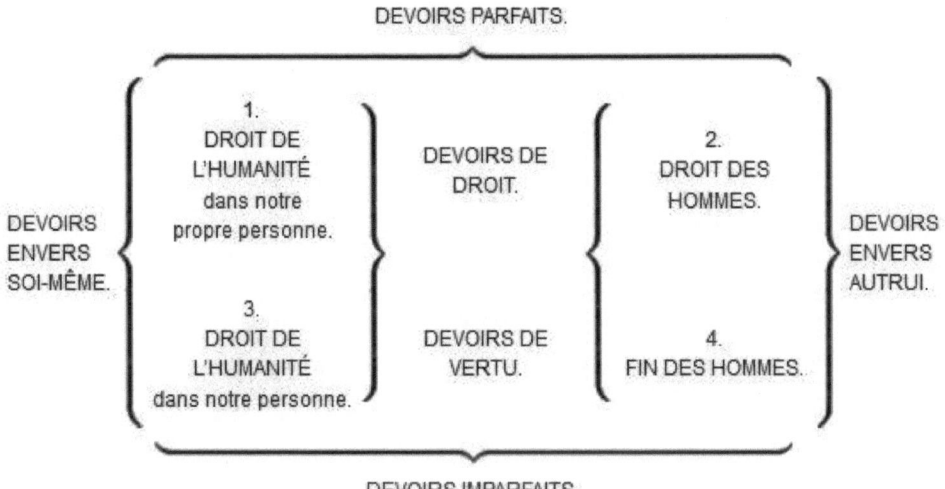

III.

Comme les sujets, à l'égard desquels on peut considérer le rapport du droit au devoir (qu'il y ait lieu ou non de l'admettre), sont susceptibles de relations diverses, on peut établir à ce point de vue une nouvelle division.

DIVISION

FONDÉE SUR LE RAPPORT SUBJECTIF DES OBLIGEANTS ET DES OBLIGÉS.

1.	2.
Rapport juridique de l'homme à des êtres n'ayant *ni droit ni devoir*.	Rapport juridique de l'homme à des être ayant des droits et des devoirs.
Vacat.	*Adest.*
Car ce sont des êtres privés de raison, qui ne nous obligent pas et par lesquels nous ne pouvons être obligés.	Car c'est un rapport d'homme à homme.

3.	4.
Rapport juridique de l'homme à des êtres n'ayant que des devoirs et pas de droits.	Rapport juridique de l'homme à un être n'ayant que des droits et pas de devoirs (Dieu).
Vacat.	*Vacat.*
Car ce seraient des hommes sans personnalité (des serfs, des esclaves).	Du moins dans la pure philosophie, car ce ne peut être un objet d'expérience.

    Il n'y a donc que le n° 2 qui contienne un rapport *réel* entre le droit et le devoir. La raison pour laquelle il n'y en a point aussi dans le n° 4, c'est qu'il y aurait alors un devoir *transcendant*, c'est-à-dire un devoir auquel ne pourrait être *donné*, comme correspondant, aucun sujet extérieur capable d'obliger ; par conséquent le rapport au point de vue théorétique est ici purement *idéal*, c'est-à-dire qu'il porte sur un être de raison que nous nous *faisons* à nous-mêmes, quoique ce concept ne soit pas entièrement vide, mais qu'il soit au contraire fécond pour nous et pour notre moralité intérieure, partant sous le rapport pratique ; c'est en cela aussi que consiste uniquement, à ce point de vue purement idéal, tout notre devoir *immanent* (praticable).

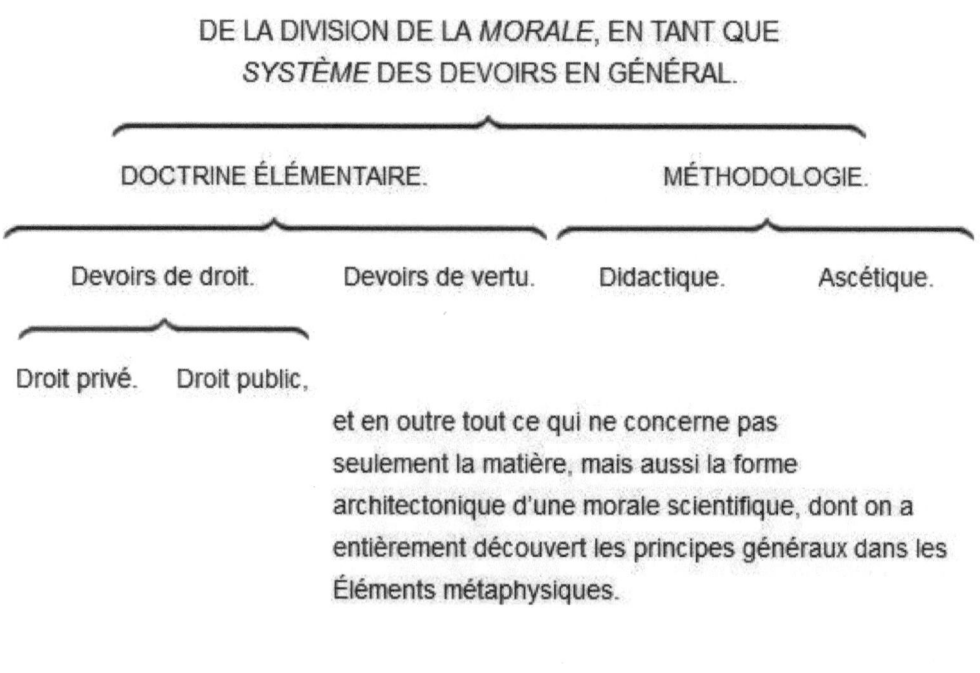

La principale division du droit naturel ne réside pas (comme on l'admet quelquefois) dans la distinction du droit *naturel* et du droit *social*[42], mais dans celle du droit naturel et du droit civil[43], ou dans ce qu'on appelle le *droit privé* et le *droit public*. En effet, ce qui est opposé à *l'état de la nature*, ce n'est pas l'état social, mais l'état civil, car il peut bien y avoir société dans l'état de la nature ; seulement ce n'est pas une société civile (garantissant le mien et le tien par des lois publiques), et c'est pourquoi le droit dans ce cas prend le nom de droit privé.

Notes du traducteur

[1] *Rechtslehre*. On pourrait traduire cette expression plus simplement par le mot *Droit* tout seul, qui a aussi ce sens dans notre langue ; mais, comme il faut rendre la distinction établie par Kant entre les deux mots *Rechtslehre* (doctrine du droit) et *Recht* (droit) je suis obligé d'avoir recours à la périphrase, *doctrine du droit*, pour traduire le premier, et de réserver le mot *droit* pour le second. J.B.

[2] *Rechtskundige derselben.*

[3] *Rechtsgelehrte.*

[4] En allemand *Rechtserfahren*. Mais l'expression me manque en français, car je ne puis plus me servir du mot jurisconsulte, puisque je l'ai employé, à la suite de Kant, pour traduire *Rechtsgelehrte*, et qu'il s'agit précisément de distinguer du *Jurisconsultus* le *Jurisperitus*. J.B.

[5] *Rechtsklugheit.*

[6] *Rechtswissenschaft.*

[7] *Der natürlichen Rechtslehre*. Il n'y a pas d'inconvénient à traduire *Rechtslehre* par le mot *Droit* tout seul, les mots *connaissance systématique*, qui précèdent, déterminant suffisamment la pensée de l'auteur. J.B.

[8] *Was Rechtens sey.*

[9] *Auch recht sey.*

[10] *Recht sowohl als Unrecht.*

[11] *Als facta*

[12] *Wunsch.*

[13] *Recht.*

[14] *Thut mir Unrecht.*

[15] *Das Rechthandeln.*

[16] *Was Recht sey.*

[17] *Das Recht ist mit der Befugniss zu zwingen verbunden.*

[18] *Als Verhinderung.*

[19] *Nicht Ethisches.*

[20] *Das Rechte.*

[21] *Als das Gerade.*

[22] *Rechtsentscheidung.*

[23] *Billigkeit.*

[24] *Nothrecht.*

[25] *Ethische Pflicht.*

[26] *Gerichtshof der Billigkeit.*

[27] *Auf dem Wege Rechtens.*

[28] *Rechtsforderung.*

[29] *Gewissensgericht.*

[30] *Jede Frage Rechtens.*

[31] *Bürgerliche Recht.*

[32] *Unstrafbar.*

[33] *Unstraeflich.*

[34] *Doppelsinnigkeit.*

[35] *Sey ein rechtlicher Mensch.*

[36] *Die rechtliche Ehrbarkeit.*

[37] *Naturrecht.*

[38] *Positive (statutarische) Recht.*

[39] *Angeborne.*

[40] *Erworbene*

[41] *Eines unbescholtenen Menschen.*

[42] *Gesellschaftliche.*

[43] *Bürgerliche.*

Notes de l'auteur

[1] On a coutume, il est vrai, de désigner sous le nom de mensonge (*mendacium*) toute fausseté dite à dessein, quoique légèrement, parce qu'elle peut nuire au moins en ce que celui qui y ajoute foi devient la risée des autres à cause de sa crédulité. Mais dans le sens juridique, on n'applique le mot *mensonge* qu'à une fausseté portant directement atteinte au droit d'autrui, comme par exemple si, pour dépouiller quelqu'un de son bien, on allègue faussement un traité conclu avec lui (*falsiloquium dolosum*), et cette distinction entre deux concepts très-voisins n'est pas sans fondement. En effet, lorsqu'on se borne à exposer simplement ses idées aux autres, ils restent toujours libres de les prendre pour ce qu'ils veulent, quoique la réputation méritée d'homme à la parole duquel on ne peut ajouter foi touche de si près à l'accusation de menteur, qu'on distingue à peine la ligne de démarcation qui sépare ici ce qui appartient au *Jus* et ce qui revient à l'Éthique.